Luigi Bassi

FANTASIA DA CONCERTO

su motivi del "Rigoletto" di Giuseppe Verdi

Per clarinetto e pianoforte

RICORDI

Luigi Bassi
FANTASIA DA CONCERTO

su motivi del "RIGOLETTO" di G. Verdi

Revisione di Alamiro Giampieri

Nelle pubbliche esecuzioni è obbligatorio inserire nei programmi il nome del revisore

2

4

127545

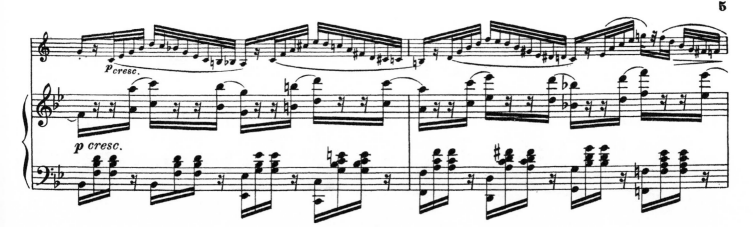

127545

Luigi Bassi

FANTASIA DA CONCERTO

su motivi del "Rigoletto" di Giuseppe Verdi

Per clarinetto e pianoforte

Clarinetto

RICORDI

Luigi Bassi
FANTASIA DA CONCERTO

su motivi del "RIGOLETTO" di G. Verdi

Revisione di Alamiro Giampieri

CLARINETTO

CLARINETTO

Adagio non tanto

pp

Andante

pp

pp leggero

p cresc.

CLARINETTO

127545

CLARINETTO

Allegro con brio

Allegro moderato

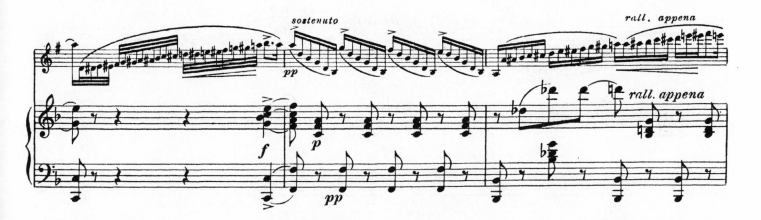

127545